AF715676

लफ़्ज़ कुछ अनकहे

जो कहा नहीं, वो लिखा गया

रसना सैन

BookLeaf Publishing
India | USA | UK

Made with ❤ on the BookLeaf Publishing Platform
www.bookleafpub.in
www.bookleafpub.com

Dedication

मेरी नवजात बेटी के नाम—
तुम आईं,
और मेरे अनकहे लफ़्ज़ों को
पहचान मिल गई।

Preface

कुछ बातें होती हैं जो कह दी जाएँ तो हल्की हो जाती हैं, और कुछ ऐसी भी होती हैं
जो कहे बिना ही सीने में बोझ बनकर बैठ जाती हैं, यह किताब उन्हीं बातों की है।

यहाँ कोई कहानी शुरू नहीं होती, यहाँ कोई कहानी ख़त्म भी नहीं होती–
यहाँ बस वो एहसास हैं जो ज़िंदगी के किसी मोड़ पर हम सबने चुपचाप जिए हैं।
कभी किसी सुबह की ख़ामोशी में, कभी पहले प्यार की मासूम हँसी में, कभी टूटते भरोसे की आवाज़ में,
कभी माँ बनने की धड़कन में, तो कभी घर की याद में।
इन कविताओं में न कोई दावा है, न कोई सीख– सिर्फ़ एक कोशिश है खुद से ईमानदार रहने की।
यह किताब उन सवालों के जवाब नहीं देती जो ज़िंदगी ने हमसे पूछे,
बल्कि उन सवालों को लफ़्ज़ देती है जिन्हें हम कभी पूछ ही नहीं पाए।

अगर पढ़ते हुए किसी पंक्ति पर आप ठहर जाएँ, अगर कोई शब्द आपकी अपनी कहानी सा लगे,
तो समझिए ये किताब आपको नहीं–आपकी ख़ामोशी को पढ़ रही है।
क्योंकि...
जो कहा नहीं गया, वही यहाँ लिखा गया है।

Acknowledgements

किसी भी रचना का पूरा होना केवल एक लेखक की कोशिश नहीं, बल्कि उन तमाम हाथों का साथ होता है जिन्होंने कलम को थामे रखने का हौसला दिया।

सबसे पहले, मैं उस **ईश्वर** की शुक्रगुज़ार हूँ, जिसने मुझे भावनाओं को महसूस करने वाला हृदय और उन्हें शब्दों में पिरोने की दृष्टि दी।
मैं अपने **माता-पिता** और परिवार की अत्यंत ऋणी हूँ। उनके बिना शर्त प्रेम और अटूट विश्वास ने ही मुझे अपनी 'रसना' (वाणी) को कागज़ पर उतारने का साहस दिया।
मेरे उन **मित्रों और शुभचिंतकों** का विशेष आभार, जिन्होंने मेरी कच्ची रचनाओं को सुना और सराहा, आपकी छोटी-सी प्रशंसा ने बड़े बदलाव लाने का काम किया।

मैं अपने **प्रकाशक और उनकी पूरी टीम** को धन्यवाद देना चाहती हूँ, जिन्होंने इन कविताओं को एक सुंदर किताब का रूप दिया और इन्हें आप तक पहुँचाने में कड़ी मेहनत की।

अंत में, मैं अपने **पाठकों** का आभार व्यक्त करती हूँ। एक लेखक तभी पूर्ण होता है जब उसे पढ़ने वाला कोई मिल जाए। मेरी इन कविताओं को अपना समय और अपनापन देने के लिए आप सभी का तहे दिल से शुक्रिया।
यह किताब आप सभी के नाम है

सप्रेम,रसना

1. एक नई सुबह

उस सुबह
समंदर साँस ले रहा था–
लहरें थमी हुई,
जैसे रात ने उसे धीरे से सुला दिया हो।

गीली रेत ठंडी थी,
पैरों को छूते ही
दिन की पहली सिहरन जगा देती।

किनारे पर पक्षी निडर टहल रहे थे,
और रेत पर शार्क मछलियाँ
अपने ही नियमों में आ-जा रही थीं।

क्षितिज पर
सूरज अभी पूरा नहीं उगा था,
बस एक हल्की-सी सुनहरी रेखा
दिन के जन्म की सूचना दे रही थी।

हवा ताज़ा थी–
न कोई बोझ,

न कोई स्मृति,
बस नमक और सुकून की
मिली-जुली ख़ुशबू।

सीपियाँ, घोंघे
अपने नाज़ुक निशान छोड़ते हुए
धीरे-धीरे
समंदर की ओर लौट रहे थे।

वो सुबह
नई-नई रची हुई लगती थी—
जैसे धरती ने
अभी-अभी खुद को धोया हो,
और मनुष्य अब तक
यहाँ आया ही न हो।

तभी समझ आया—
दुनिया हमसे नहीं चलती।
हम तो बस
कुछ पल के लिए
इस पूर्णता के साक्षी होते हैं।

उस सुबह
मैं कुछ कह नहीं पाई,
बस
उस पूर्णता के सामने
चुप रह गई।

2. पहला प्यार

स्कूल की घंटी बजते ही
नज़रें उसे ढूँढ लेती थीं,
ब्लैकबोर्ड पर लिखे सवालों से ज़्यादा
उसकी मुस्कान याद रहती थी।

क्लास में साथ वाली बेंच मिल जाए,
तो पूरा दिन बन जाता था,
कॉपी में लिखे नोट्स से ज़्यादा
नाम उसका सज जाता था।

चोरी-चोरी देखना,
फिर नज़र मिलते ही झुक जाना,
वो "हाय" कहने की हिम्मत
दिनों में कहीं खो जाना।

रीसेस की आधी छुट्टी
उसके इंतज़ार में कट जाती,
एक चॉकलेट बाँट लेने से
दोस्ती और गहरी हो जाती।

पहला प्यार...
ना इज़हार जानता था,
ना अंजाम,
बस दिल का सबसे
सच्चा इम्तिहान था।

आज किताबें बदल गईं,
स्कूल भी पीछे छूट गया,
पर वो मासूम-सा एहसास
दिल में कहीं
आज भी रुक गया।

3. घर आज भी बहुत याद आता है

बरामदे में झूलती फूलों की बेलें,
बैठक में पिताजी के दफ़्तर के काग़ज़ों का मेला,
आँगन में तुलसी का छोटा-सा घरौंदा,
माँ की रसोई से उठती खाने की महक–
उफ़... घर आज भी बहुत याद आता है।

दीवार पर टँगी दादी की तस्वीर,
माँ के हाथों सिले तकियों के गिलाफ़,
कोने की अलमारी में दबे पुराने अख़बार,
फ़र्श की दरारों में अटकी हुई कहानियाँ–
घर का हर कोना जैसे अपना किस्सा सुनाता है,
उफ़... घर आज भी बहुत याद आता है।

गली के चबूतरों पर औरतों की महफ़िल,
सास–बहू के किस्सों के बीच झगड़ों की दस्तक,
धूप नापती गलियाँ, तपती छतों पर दौड़ते बच्चे–
उफ़... घर आज भी बहुत याद आता है।

सावन के मेले,
आँगन के नीम पर झूलते झूले,

सर्दियों की देर रात आग सेंकना,
और गर्मियों में छत पर लेटकर तारे गिनना–

उफ़... घर आज भी बहुत याद आता है।

4. शाम को जब तुम घर आओ

शाम को जब तुम घर आओ, मैं दरवाजा खोलूं,
और तुम मुझे देखकर मुस्कुराओ,
मुझे अपने सीने से लगाओ, मेरा हाल पूछो
और अपने दिन भर का हाल सुनाओ।

साथ बैठ कर गरमा गरम चाय पिएं हम,
पास होकर भी एक दूसरे के लिए आहें भरें हम,
हंसी के ठहाकों से गूंजे घर आंगन अपना,
शाम के पलों को कुछ ऐसे जिएं हम।

मैं तुम्हारी पसंद का खाना बनाऊं,
और तुम रसोई में बैठ मुझसे बातें करो,
पेट भर खाना खाएं और जी भर बातें करें हम।

जब नींद आंखों में आए,
तुम मुझसे लिपट मुझे अपना तकिया बनाओ,
प्यार में डूब मेरे सपनों को सजाओ,
सो जाएं हम सुकून भरे आसमान के तले,
रात हमारे प्यार में कुछ ऐसे ढले।

शाम को जब तुम घर आओ, मैं दरवाजा खोलूं,
और तुम मुझे देखकर मुस्कुराओ।

5. मुलाकात

अगर अपनों की तरह मिल सको, तो मिलो,
गैरों से मुलाकात तो हम रोज़ करते हैं।

कुछ अपनेपन से भरी बात कर सको, तो करो,
ये दुनियादारी की बातें तो हम रोज़ करते हैं।

मेरी खामोशी की सदा सुन सको, तो सुनो,
मेरे लफ़्ज़ों की वाहवाही तो लोग रोज़ करते हैं।

इस बेचैन दिल का सुकून बन सको, तो बनो,
इसके दर्द की वजह तो लोग रोज़ बनते हैं।

मेरे सफर में हमकदम बन सको, तो बनो,
पल दो पल तो साथ सब चलते हैं।

मेरी आँखों की नमी समझ सको, तो समझो,
हाल-ए-दिल के सवाल तो लोग रोज़ करते हैं।

मेरी टूटती उम्मीदों को थाम सको, तो थामो,
तसल्ली के दो बोल तो सब रोज़ कहते हैं।

अगर अपनों की तरह मिल सको, तो मिलो,
गैरों से मुलाकात तो हम रोज़ करते हैं।

6. मुक़्तलिफ़ सी एक बात तो कर

मुक़्तलिफ़ सी एक बात तो कर,
मुलाक़ात न सही, दीदार तो कर।

उम्र भर का साथ न सही,
बस कुछ पल मेरे साथ तो चल।

बड़ी बेचैन है इस दिल की धड़कन,
इसे सुकून दे,कुछ ऐसी बात तो कर।

ख़ामोशी में भी तेरा ज़िक्र रहे,
इन लम्हों की थोड़ी सी पहचान तो कर।

अगर फ़ासले ही मुक़द्दर हैं हमारे,
एक बार उन्हें नामंज़ूर तो कर।

मैं माँगूँ न वादा, न उम्र भर का साथ,
बस इस पल को थोड़ा सा अपना तो कर।

अगर लौटना ही है तुझे अपनी राह,
तो जाते-जाते एक एहसान तो कर।

मेरे नाम से एक आह जोड़ दे,
इस अधूरी सी कहानी का अंजाम तो कर।

7. कोई इतना गहरा तो मिले

साहिल पर कौन रहना चाहता है,
डूब जाऊँ मैं भी, कोई इतना गहरा तो मिले।

यूं अलग थलग कौन रहना चाहता है,
घुल जाऊँ पानी में नमक सी, कोई ऐसा सागर तो मिले।

कौन साँसों की तरह सिमट जाना चाहता है,
उड़ जाऊँ हवा के पर लगा कर, कोई ऐसा आसमाँ तो मिले।

महकना कौन नही चाहता है,
मिल जाऊँ हवा मे इतर सी, कोई हवा का ऐसा झोंका तो मिले।

होश में कौन रहना चाहता है,
हो जाऊँ मदहोश मैं भी, कोई ऐसा पैमाना तो मिले।

कौन यूं अधूरा रह जाना चाहता है,
पूरी हो जाऊँ मैं भी, कोई ऐसा साथी तो मिले।

डूब जाऊँ मैं भी, कोई इतना गहरा तो मिले।

8. परवाह

मुझे संवारता है, मुझे सहलाता है
अपनी प्यारी बातों से मेरा दिल बेहलाता है,
जैसे मेरा ख़्याल रखना नसीब है उसका,
मेरे दामन मे अपनी सब खुशियाँ लुटाता है,
वो इस परवाह को ही मुहब्बत समझता है।

मैं घंटों बोलती रहती हूँ, वो प्यार से सुनता है,
मेरी बचकानी हरकतों पर खूब हँसता है,
जैसे मेरी बातें सुनना शौक है उसका,
ज़िंदगी के सबक बड़े तर्क से समझाता है,
वो इस परवाह को ही मुहब्बत समझता है।

मैं रूठती हूँ वो प्यार से मनाता है,
मेरा ग़ुस्सा सेहता है मेरे नखरे उठाता है,
जैसे मेरी ख़ुशी से बढ़कर और कोई ख़्वाब नही उसका,
मेरी हर जिद पर अपना दिल लुटाता है,
वो इस परवाह को ही मुहब्बत समझता है।

मुझ पत्थर की मूरत को मोम सी नाज़ुक समझता है,
मैं किसी शाम सी ना ढल जाऊँ इस बात से डरता है,

जैसे मेरे होने से ही बस वजूद है उसका,
मुझे पाने की ख्वाहिश नहीं उसे, फिर भी मुझे खोने से डरता है,

वो इस परवाह को ही मुहब्बत समझता है।

9. फिर तुम क्यू नहीं आए ??

तुम क्यू नहीं आए ??
मैने दिन भर छत पर कपड़े सुखाए,
पापड़ पलटने का नाटक किया,
माँ की डॉट सुनी, भाई के ताने सुने,
पडोसियों की तीखी नजरों का शिकार बनी,
फिर तुम क्यू नहीं आए ??

दिन भर सड़क पर नजर जमाये रही,
हर गुजरती गाड़ी की आहट पर झॉक कर देखा,
हर गुजरते शख्स के चेहरे में तुम्हे ढूंढा,
फिर तुम क्यू नहीं आए ??

दिन गुजर गया, शाम भी ढल चली है,
घरों के बहार की बत्तियां भी जल गई है,
अब तो पिताजी भी काम से घर लौट आए,
फिर तुम क्यू नहीं आए ??

आज मैंने वही तुम्हारी पसंद की नीली सलवार कमीज पहनी थी,
आंखों में काजल और माथे पर बिंदी भी लगी थी,
हॉथो में वही घड़ी पेहनी थी जो तुमने मेरे पिछले जन्मदिन पर दी थी,

फिर तुम क्यू नहीं आए ??

तुमने दोपहर कहा था मैंने रात तक तुम्हारा इंतजार किया,
तुम्हारी बात मानी तुम्हारे वादे पर एतवार किया,
मीरा सा तुम्हें पूजा, राधे सा तुमसे प्यार किया,
फिर तुम क्यू नहीं आए ??

10. सुबह का सपना

जानती हूँ तुम कभी लौटकर नहीं आओगे,
ये सच मैंने हर रोज़ खुद से कहा है।

फिर भी किसी तन्हा रात के बाद
जब नींद मुझे तुम्हारे पास ले जाती है,
तो दिल थोड़ी देर के लिए इस सच को भूल जाता है।

अब भी जब किसी सुबह तुम सपने में आ जाते हो,
तो तकिये पर उतरती रोशनी से पहले,
दिल एक पल के लिए ठहर जाता है

वो पुरानी सी बात याद आती है,
कि सुबह का सपना सच होता है,
और मैं मासूम सी बच्ची की तरह
इस वहम को पकड़ लेती हूँ।

जानती हूँ, सपनों और सच के बीच
तुम्हारा नाम सिर्फ़ एक फ़ासला है,
पर उसी फ़ासले में
मैं अब भी तुम्हें ढूँढ लेती हूँ।

तुम नहीं आओगे, ये तय है,
फिर भी हर सुबह
दिल खुद से यही कहता है–
शायद आज वाला सपना सच हो जाए।

11. तुम नहीं समझ पाओगे

वो पल, जो मैंने गुजारे तुम्हारे साथ रहकर, तुम्हारे बिना,
वो पल मैंने कैसे गुजारे तुम नहीं समझ पाओगे।

वो रात, जब मैं साँसें गिनती रही और तुम चैन से सो रहे थे,
वो रात कितनी लंबी थी तुम नहीं समझ पाओगे।

वो शाम, जब तुम आँखों के सामने थे फिर भी मैं तुम्हें छू नहीं पाई,
वो शाम मैंने कैसे गुजारी तुम नहीं समझ पाओगे।

वो सुबह, जो मेरे लिए कभी हुई ही नहीं,
और तुम सुबह की हल्की धूप में चाय की चुस्कियाँ ले रहे थे,
वो सुबह कितनी काली थी तुम नहीं समझ पाओगे।

वो घर, जिसका हर एक कोना सजाया था मैंने अपने हाथों से,
वो आज भी मुझे परायापन का एहसास कराता है,
मैं अपने ही घर में कैसे उम्र भर मेहमान बनी रही तुम नहीं समझ पा
ओगे I

वो हर बार जब मैंने दिल खोलकर तुमसे अपनी बात कही,
पर तुमने गौर से कभी सुनी ही नहीं,

मेरी वो बातें कितनी गहरी थीं तुम नहीं समझ पाओगे।

वो रिश्ता जिसे हमने एक होकर बनाया था,
उस रिश्ते में मैं कितनी अकेली थी तुम नहीं समझ पाओगे।

12. कुछ समझ नहीं आता

मेरे सीने में है दर्द का समंदर,
इसमें डूबूं कि इसे पार करूँ,
कुछ समझ नहीं आता।

अंधेरों के हैं घने साये, चिरागों से दुश्मनी है मेरी,
गुम हो जाऊँ या उजालों से दोस्ती करूँ,
कुछ समझ नहीं आता।

रास्ते हैं नए, गलियाँ अजनबी सी हैं,
भटक जाऊँ या रास्तों से पहचान करूँ,
कुछ समझ नहीं आता।

ख़्वाब हैं अधूरे, नींदों से बग़ावत है,
सो जाऊँ या ख़्वाब पूरे करने की ज़िद करूँ,
कुछ समझ नहीं आता।

दिल ने पुकारा है, दिमाग़ ने रोका है,
किसकी सुनूँ, किससे इनकार करूँ,
कुछ समझ नहीं आता।

टूटने का भी डर है, संभलने की चाह भी,
खुद को बिखेरूँ या खुद को समेट लूँ,
कुछ समझ नहीं आता।

वक़्त सवाल बनकर सामने खड़ा है,
रुक जाऊँ या आगे बढ़कर जवाब दूँ,
कुछ समझ नहीं आता।

13. मलाल

चुप रहिये, मत पूछिये कि मलाल क्या है,
क्यूँ बहके से हैं हम, इस दिल का हाल क्या है।

आँखों में उतरता लहू सा लाल रंग,
लबों पर ये दबी सी हँसी,
इस अजब से हुस्न का राज क्या है।

लड़खड़ाते कदम, सिसकती हुयी साँसें,
बेसुध सी नजर,
इस बदहवासी की वजह क्या है।

सन्नाटों में गूँजती कुछ अधूरी बातें,
हर धड़कन में दबा एक सवाल,
इस खामोशी का सबब क्या है।

चुप रहिये मत पूछिये कि मलाल क्या है,
क्यूँ बहके से हैं हम, इस दिल का हाल क्या है।

14. दर्द

एक दर्द जो आँखों में लहु सा उतर जाता है,
और एक वो दर्द जो कभी ज़ुबान तक नहीं आता।

एक दर्द जो चीखता है चिल्लाता है, रश्क करता है,
और एक वो दर्द जो नब्ज में ठंडे लहु सा उतर जाता है।

एक दर्द जो जमाने ने सुना क़िस्सों में कहानियों में,
और एक वो दर्द जो किताब के पन्नों में सिमट जाता है।

एक दर्द जो गिले शिकवे करता है, नफ़रतों की दीवार बनाता है,
और एक वो दर्द जो चाहतों में हद से गुजर जाता है।

एक दर्द जिसने तोड़ दिए हौसले कई और कितनों को बेजार किया,
और एक वो दर्द जो हारकर जीना सिखा जाता है।

एक दर्द जो आँखों में लहु सा उतर जाता है,
और एक वो दर्द जो कभी ज़ुबान तक नहीं आता।

15. हम दर्द छुपाए फिरते हैं

सब राज़ छुपाए फिरते हैं,
हम दर्द छुपाए फिरते हैं।

इन छोटी-छोटी आँखों में,
बड़े राज छुपाए फिरते हैं।

होठों से कही जो न बात कभी,
उसे पन्नों पे सजाए फिरते हैं।

टूटे हुए हर एक ख्वाब को,
सीने में दबाए फिरते हैं।

जो ज़ख़्म किसी ने देखे नहीं,
वो उम्र भर सहलाए फिरते हैं।

राहों में खो जाते हैं कई बार,
फिर भी उम्मीदें सजाए फिरते हैं।

छू लें जो हाथ किसी का कभी,
वो पल ज़िंदगी भर निभाए फिरते हैं।

छोटे-छोटे लम्हों में जीते हैं,
बड़े अरमान छुपाए फिरते हैं।

16. आज आसमां को भी रोने दो

बारिश होती है होने दो, आज आसमां को भी रोने दो...

दबा रखा था सीने में दर्द शायद, इक अरसे की है तपन शायद
ना थामो उसे बहने दो, आज आसमां को भी रोने दो।

ये दरिया नहीं है पानी का, इक किस्सा है उसकी कहानी का
ना रोको उसे कहने दो, आज आसमां को भी रोने दो।

ना जाने कौनसा रंज है, या खुदकी खुदसे जंग है,
आज उसे गरजने दो, आज आसमां को भी रोने दो।

हर बूंद में छुपी इक आह है, हर बादल कुछ भारी सा है,
दिल के जज़्बात कहने दो, आज आसमां को भी रोने दो।

बारिश होती है होने दो, आज आसमां को भी रोने दो।

17. टूट जाना अच्छा

कभी-कभी टूट जाना अच्छा
बेहिसाब टुकड़ों में बिखर जाना अच्छा।

आंसुओं के सैलाब में बह जाना अच्छा,
जो दरिया न मिले तो खुद के ही आंसूओं में,
डूब जाना अच्छा।

नशे में बहक जाना अच्छा,
अंधेरों में भटक जाना अच्छा,
अगर कुछ पल का सुकून दे शराब,
तो शराबी हो जाना अच्छा।

थक कर बैठ जाना अच्छा,
ठोकर खाकर गिर जाना भी अच्छा,
जो न सह सको दर्द तो,
कराह के रोना भी अच्छा।

रूठ जाना अच्छा,
बिन मनाए मान जाना भी अच्छा,
जो न चल सके उम्र भर साथ,

वो साथ छूट जाना अच्छा।

बेख़ुदी में बहक जाना अच्छा, ग़म-ए-जिंदगी को भूल जाना अच्छा,
जो न आए मज़ा जीने में तो...
मर जाना भी अच्छा।

18. राख से रूह तक

वो वादे जो कभी रूह की ख़ामोशी में किए थे,
अब हवाओं में गुम हैं, जैसे दुआ अधूरी रह गई हो।

दिल का आईना टूटा, भरोसे की रोशनी बुझ गई,
जैसे मोहब्बत की राह में अब सिर्फ़ तन्हाई रह गई हो।

हर ज़ख़्म में छुपा है इश्क़ का फ़लसफ़ा,
जैसे हर आँसू में रूह की तिलावत रह गई हो।

वो पूछती है—क्यों टूटा मेरा यक़ीन?
ख़ामोशी कहती है—इश्क़ में सबक यही रह गई हो।

मगर अंधेरे के बाद सवेरा भी तो आता है,
हर राख से नया सूरज, नया नूर जगमगाता है।

अब दर्द ही उसका ज़िक्र-ए-ख़ुदा बन गया है,
हर तन्हाई में रूहानी सुकून मिलता जाता है।

वो जान गई है—इश्क़ से ऊँचा उसका वजूद है,
ख़ुद पर यक़ीन ही उसका असली इमान बन गया है।

19. ज़िंदगी, तुझे बहुत क़रीब से देखा है

हर मोड़ पर किसी अपने को छूटते हुए देखा है,
मैंने ऐ ज़िंदगी, तुझे बहुत क़रीब से देखा है।

हँसते चेहरों के पीछे छुपा हुआ दर्द भी देखा,
ख़्वाबों को टूटते, रिश्तों को बदलते देखा है।

भीड़ में रहकर भी तन्हा पड़ जाने का ग़म,
मैंने हर शोर के बीच ख़ुद को चुप होते देखा है।

जो साथ थे सफ़र में, वही पहले बिछड़ गए,
ऐ ज़िंदगी, तुझे मैंने बार-बार बिछड़ते देखा है।

कभी भरोसे ने छोड़ा, कभी वक़्त ने मोड़ा,
मैंने अपनों को हालातों से हारते देखा है।

जो कहते थे "हम हैं", वो यादों में सिमट गए,
मैंने सच को अक्सर तनहा खड़े देखा है।

फिर भी शिकायत नहीं तुझसे, ऐ ज़िंदगी,
मैंने तुझे जितना समझा, उतना ही सीखा है।

20. मैं आज हूँ

वो कल था जो आया और गुजर गया,
मैं आज हूँ, आज़ाद हूँ, आबाद हूँ।

वो पल था जो यादों में कहीं ठहर गया,
मैं यह लम्हा हूँ, खूबसूरत हूँ, ज़िंदा हूँ।

वो दरिया था जो जोश में चढ़ा और उतर गया,
मैं झील हूँ, गहरी हूँ, ठहरी हूँ।

वो आग था, रोशन हुआ और बुझ गया,
मैं देहकती हुई राख हूँ, बेरंग हूँ, बेबाक हूँ।

वो साया था जो रौशनी में खो गया,
मैं धूप हूँ, निडर हूँ, उजास हूँ।

वो शोर था जो वक्त के साथ थम गया,
मैं ख़ामोशी हूँ, सधी हूँ, गूंजदार हूँ।

वो सवाल था जो जवाब ढूँढता रहा,
मैं यक़ीन हूँ, मुकम्मल हूँ, तैयार हूँ।

वो कल था जो आया और गुजर गया,
मैं आज हूँ, आज़ाद हूँ, आबाद हूँ।

21. मैं आसमाँ बनने जा रहा हूँ

क्या हुआ जो आज मेरे सितारे गर्दिश में हैं,
कल आसमाँ पर भी तो थे,
और कल फिर आसमाँ पर होंगे।

आज रास्ता कठिन है,
पर मंज़िल ने मुझे छोड़ा नहीं है।
मैं गिरा हूँ -
इसलिए उठना जानता हूँ।

ये रात थोड़ी लंबी है, मानता हूँ,
पर हर रात ने सुबह का रास्ता छोड़ा है।

हार मेरे लिए अंत नहीं,
वो अनुभव है,
जो जीत तक ले जाता है।

मेहनत आज ख़ामोश है,
पर कल उसकी आवाज़ हर ओर गूंजेगी।

जो आज मुझे नीचे देख रहे हैं,

याद रखिए -
कल वही मेरी ऊँचाई मापेंगे।

मेरे सपने झुके हैं,
बुझे नहीं।
मेरे इरादे थके हैं,
टूटे नहीं।

तो क्या हुआ जो आज
मेरे सितारे गर्दिश में हैं–
मैं खुद आसमाँ बनने जा रहा हूँ।

22. मैं माँ हूँ

माँ बनने से पहले
मैं सिर्फ़ मैं थी -
अपने सपनों, अपनी उलझनों, अपने डर के साथ।

जब मैंने पहली बार तुम्हारे दिल की धड़कन सुनी,
जब मैंने पहली बार तुम्हें खुद में महसूस किया,
तभी जाना- मैं अब सिर्फ़ मैं नहीं, मैं माँ हूँ।

अब हर पल तुमसे बातें होती हैं,
तुम्हारी करवटें मेरी नींदों को जगाती हैं,
तुम्हारी हल्की सी आहट मेरे दिन-रात को नया अर्थ देती है।

मेरी सांसों से तुम्हारी सांसें जुड़ गई हैं,
मेरी धड़कन से तुम्हारी धड़कन बंध गई है,
जब तुम मेरे साथ मुस्कुराती हो,
तो लगता है- मेरी आत्मा भी मुस्कुरा रही है।

कभी तुम मुझे रातों को जगाते हो,
मेरे सपनों को अधूरा छोड़ देते हो,
पर तुम्हारी खिलखिलाहट,

तुम्हारा झूमना मेरे लिए सबसे प्यारी लोरी बन जाता है।

अब हर पल तुम्हारा इंतज़ार है- तुम्हें देखने का,
तुम्हें अपनी बाँहों में भर लेने का।
हर पल जब तुम्हें अपने भीतर पाती हूँ, तो यकीन होता है–
मैं अब सिर्फ़ मैं नहीं, मैं माँ हूँ I
और यही मेरी सबसे बड़ी पहचान है।I

23. ज़िंदगी में तुझे क्या नाम दूँ?

ज़िंदगी में तुझे क्या नाम दूँ?
कभी बर्फ़ के मीठे गोलों-सी है तू,
जिसे मैं चुस्कियों में जी रहा हूँ,
और तू है कि हर पल पिघलती जा रही है।

कभी रेत के ज़र्रे-सी,
जिसे मुट्ठी में समेटने की मैं जितनी कोशिश करता हूँ,
तू उतनी ही उँगलियों से फिसल जाती है।

कभी बेहद ख़ुशनुमा, तो कभी ग़मज़दा,
कभी जीने की आस, तो कभी ख़ुदकुशी का ख़ामोश फ़लसफ़ा।

किसी की आँखों में उम्मीद बनकर चमकती है तू,
तो किसी की निगाहों में मायूसी का पूरा मंज़र है तू।

कभी झील-सी शांत, ठहरी हुई,
जिसमें ख़ुद को साफ़ देखा जा सके,
तो कभी तूफ़ानी समंदर-सी,
जो सब कुछ अपने साथ बहा ले जाए।

ज़िंदगी में तुझे क्या नाम दूँ?
तू न पूरी तरह मेरी है,
न मुझसे कभी दूर–
बस हर पल बदलती हुई
एक सच्चाई है तू।

www.ingramcontent.com/pod-product-compliance
Lightning Source LLC
Chambersburg PA
CBHW070650240926
51846CB00003BA/855
9789375106067